ပျော်ရွှင်မှုနဲ့ ဝမ်းနည်းမှု အကြောင်း ဖော်ပြတဲ့ စာအုပ်

ရေးသားသူ – Library For All

သရုပ်ဖော် – Ngo Chau Cheung

Library For All Ltd.

သားသား/မီးမီး
ပျော်တယ်။

သားသား/မီးမီး
ဝမ်းနည်းတယ်။

သားသား/မီးမီး
စိတ်ဆိုးတယ်။

သားသား/မီးမီး
စိုးရိမ်တယ်။

သားသား/မီးမီး ရွတ်နောက်နောက်လုပ် ချင်နေတယ်။

သားသား/မီးမီး
စိတ်အေးချမ်းနေတယ်။

သားသား/မီးမီး
ချစ်ခြင်းမေတ္တာကို
ခံစားရတယ်။

သားသား/မီးမီး
ပင်ပန်းတယ်။

သင် ဘယ်လိုခံစားရလဲ။

သင်၏ မိသားစုများ၊ မိတ်ဆွေများ၊ ဆရာများနှင့် ကြူစာအုပ်အကြောင်း ဆွေးနွေးပြောဆိုရာ၌ အောက်ပါမေးခွန်းများကို အသုံးပြုနိုင်သည်။

သင်ပြီးနေတယ်ဆိုရင် ပျော်နေတာလား၊ ဝမ်းနည်းနေတာလား။

မိဘက သားသမီးကို စာဖတ်ပြနေချိန်မှာ သူတို့ ဘယ်လိုခံစားရလဲ။

ပျော်နေတဲ့အချိန်မှာ ငိုလို့ရလား။

သင့်ကို စိတ်ဆိုးအောင် ဘယ်အရာကလုပ်တာလဲ။

ပျော်ရွှင်နေတဲ့ပုံမျိုးနဲ့ ပြုံးကြည့်ပါ။ ဝမ်းနည်းနေတဲ့ ပုံမျိုးနဲ့ ငိုကြည့်ပါ။ စိတ်ဆိုးနေတဲ့ ပုံမျိုးနဲ့ လက်သီးဆုပ် ကြည့်ပါ။ ရှတ်နောက်နောက် ပုံမျိုးနဲ့ ခုန်ဆွခုန်ဆွ လုပ်ကြည့်ပါ။

ပါဝင်ဆောင်ရွက်သူများအကြောင်း

Library For All သည် လူငယ်စာဖတ်သူများအတွက် ခြားနားသော၊ ဆီလျော်ပြီး အရည်အသွေးမြင့်သော ပုံပြင်ဇာတ်လမ်းများကို ဖန်တီးရန်အတွက် ကမ္ဘာတစ်ဝှမ်းမှ စာရေးဆရာများ၊ သရုပ်ဖော်သူများနှင့်အတူ ပူးပေါင်းဆောင်ရွက်ပါသည်။

စာရေးဆရာများ၏ အလုပ်ရုံဆွေးနွေးပွဲအစီအစဉ်များ၊ ပေးပို့မှုလမ်းညွှန်များနှင့် အခြားဖန်တီးမှုအခွင့်အလမ်းများအတွက် နောက်ဆုံးရသတင်းများ သိရှိနိုင်ရန် libraryforall.org သို့ ဝင်ရောက်ကြည့်ရှုနိုင်ပါသည်။

ဒီစာအုပ်က ဖတ်လို့ကောင်းလား။

ရွေးချယ်ဖတ်ရှုရန်အတွက် စနစ်တကျ ကောက်နုတ်စုစည်းထားသော မူရင်းပုံပြင် နောက်ထပ်ရာပေါင်းများစွာ ရှိပါသည်။

နေရာဒေသမရွေးရှိ ကလေးငယ်များ ပျော်ရွှင်ချမ်းမြေ့စွာ စာဖတ်နိုင်ရေးအတွက် စာရေးဆရာများ၊ ပညာသင်ကြားသူများ၊ ဓလေ့ထုံးစံအကြံပေးများ၊ အစိုးရများနှင့် ပရဟိတအဖွဲ့အစည်းများနှင့် ကျွန်ုပ်တို့ ပူးပေါင်းဆောင်ရွက်ပါသည်။

မိတ်ဆွေ သိပါသလား။

ဤနယ်ပယ်တွင် ကမ္ဘာအနှံ့အကျိုးသက်ရောက်မှု ရှိစေရန်အတွက် ကုလသမဂ္ဂ၏ စဉ်ဆက်မပြတ် ဖွံ့ဖြိုးတိုးတက်ရေး ရည်မှန်းချက်ကို လက်ကိုင်ပြုပြီး ကျွန်ုပ်တို့ဖန်တီးဆောင်ရွက်ပါသည်။

libraryforall.org

သင်ဖတ်နေတဲ့စာအုပ်က သင်ယူသူ အဆင့် ဖြစ်ပါတယ်။

သင်ယူသူ – အခြေခံ စာဖတ်သူ

စကားလုံးအတိုများ၊ ဖွံ့ဖြိုးစေမည့်အတွေးအခေါ်၊ ရုပ်ပုံအများအပြားနှင့်တကွ
သင်၏ စာဖတ်ခြင်းခရီးစဉ်ကို စတင်လိုက်ပါ။

အဆင့် ၁ – စတင်ဖွံ့ဖြိုးအဆင့် စာဖတ်သူများ

စကားလုံးအသစ်များ၊ ရိုးရှင်းသော ဝါကျများ၊ စိတ်ဝင်စားဖွယ်ကောင်းသော
ရုပ်ပုံများနှင့်အတူ သင်၏ စာဖတ်စွမ်းရည်အဆင့်ကို တိုးမြှင့်လိုက်ပါ။

အဆင့် ၂ – စိတ်ထက်သန်သော စာဖတ်သူများ

ရင်းနှီးသော စကားလုံးများဖြင့် တည်ဆောက်သော ဝါကျရှောများနှင့်အတူ
သင့်စာဖတ်ချိန်ကို ခံစားပျော်ရွှင်လိုက်ပါ။

အဆင့် ၃ – တိုးတက်လာသော စာဖတ်သူများ

ဉာဏ်မြှူးဖွယ် ပုံပြင်များ၊ အနည်းငယ်ခက်ခဲသော ဝေါဟာရများနှင့်အတူ
သင့်စာဖတ်စွမ်းရည်ကို တိုးမြှင့်လိုက်ပါ။

အဆင့် ၄ – သွက်လက်သော စာဖတ်သူများ

မြှူးတူးဖွယ်ရာများ၊ စကားလုံးအသစ်များ၊ ပျော်ရွှင်ဖွယ် အကြောင်းချက်များနှင့်အတူ
သင့်စာဖတ်စွမ်းရည်ကို ထပ်မံတိုးမြှင့်လိုက်ပါ။

အဆင့် ၅ – မြင်သိချင်စိတ်ရှိလာသော စာဖတ်သူများ

သိပ္ပံနှင့် ပုံပြင်များမှတစ်ဆင့် သင့်ဝန်းကျင်ကို စူးစမ်းရှာဖွေလိုက်ပါ။

အဆင့် ၆ – စွန့်စားခန်းဖွင့် စာဖတ်သူများ

သိပ္ပံနှင့် ပုံပြင်များမှတစ်ဆင့် သင့်ဝန်းကျင်ကို ရှာဖွေစူးစမ်းလိုက်ပါ။

မူရင်းသရုပ်ဖော် Ngo Chau Cheung

ပျော်ရွှင်မှုနဲ့ ဝမ်းနည်းမှု အကြောင်း ဖော်ပြတဲ့ စာအုပ်
Library For All
ISBN: 978-1-923207-64-6
SKU04444

www.ingramcontent.com/pod-product-compliance
Lightning Source LLC
Chambersburg PA
CBHW042348040426

42448CB00019B/3457